EMG3-0075 J-POP CHORUS PIECE
合唱楽譜<J-POP>

合唱で歌いたい！J-POPコーラスピース

混声3部合唱

道
(EXILE)

作詞：Shogo Kashida　作曲：miwa furuse　合唱編曲：小林真人

●●● 演奏のポイント ●●●

♪アルトパートがしっかりと歌うと、よりハーモニーの色彩感が出ます。
♪同じ音程で歌うところがありますが、よりいっそう言葉の発音に気を付けましょう。
♪ソプラノパートは上にハモるとき、明るめに歌うと綺麗にハーモニーがつくれます。
♪しっとりとした曲ですが、暗くならないようにしましょう。

【この楽譜は、旧商品『道（混声3部合唱）』（品番：EME-C0022）とアレンジ内容に変更はありません。】

道

作詞：Shogo Kashida　作曲：miwa furuse　合唱編曲：小林真人

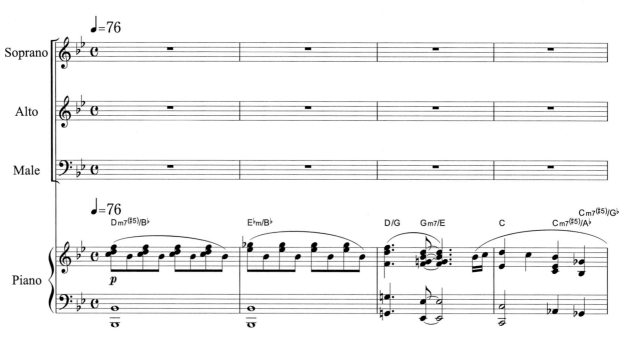

© 2007 by NIPPON TELEVISION MUSIC CORPORATION
& M.C.CABIN MUSIC PUBLISHERS,INC.　& Yoshimoto Music Publishing Co.,Ltd.　& Avex Entertainment Inc.　& LDH Inc.

道 (EXILE)

作詞:Shogo Kashida

『思い出が　時間を止めた』
今日の日を忘れるなと
見慣れた景色　二度と並べない
思い出の道

この道で　君と出会い
春が僕らを包んでた
愛と優しさ　教えてくれたね
泣かないで歩こう

空、今日も青空です
泣き笑いしたあの時
あたりまえが未来に変わる
「希望」「夢」「愛」話したい
動くな時間
空に叫ぶ
キミを忘れない

優しさに出会えたことで
僕は独りじゃなかった
誰も消せない　心のアルバム
笑えるかもね

『動き出した　最後の時間』
君に伝えたい言葉
涙　邪魔して　空を見上げたら
春の音　聞こえた

道、君と歩いた今日まで
かすかに　動くくちびる
特別な時間をありがとう
「心」「勇気」「友」「笑顔」
嬉しすぎて
溢れ出した
涙が　とまらない

ゆっくりと歩き出そう
この道　未来へ続く
さよなら　泣かないで
忘れないよ
離れても　愛しています

道、君と歩いた今日まで
かすかに　動くくちびる
特別な時間をありがとう
「心」「勇気」「友」「笑顔」
嬉しすぎて
溢れ出した
涙が　とまらない

MEMO

MEMO

エレヴァートミュージックエンターテイメントはウィンズスコアが
展開する「合唱楽譜・器楽系楽譜」を中心とした専門レーベルです。

ご注文について

エレヴァートミュージックエンターテイメントの商品は全国の楽器店、ならびに書店にてお求めになれますが、店頭でのご購入が困難な場合、下記PC&モバイルサイト・FAX・電話からのご注文で、直接ご購入が可能です。

◎PCサイト&モバイルサイトでのご注文方法
　http://elevato-music.com
　上記のアドレスへアクセスし、WEBショップにてご注文ください。

◎FAXでのご注文方法
　FAX.03-6809-0594
　24時間、ご注文を承ります。上記PCサイトよりFAXご注文用紙をダウンロードし、
　印刷、ご記入の上ご送信ください。

◎お電話でのご注文方法
　TEL.0120-713-771
　営業時間内に電話いただければ、電話にてご注文を承ります。

※この出版物の全部または一部を権利者に無断で複製(コピー)することは、著作権の侵害にあたり、
　著作権法により罰せられます。

※造本には十分注意しておりますが、万一、落丁・乱丁などの不良品がありましたらお取り替えいたします。
　また、ご意見・ご感想もホームページより受け付けておりますので、お気軽にお問い合わせください。